澄怀

孙远利山水写生画集

西藏人民出版社

画室

导师　龙瑞（右）

导师　范扬（右）

艺术感悟

自然界中平平淡淡的一草一木，都有顽强的生命力，无为而有为。它给我以启迪，给我以感悟。用心描绘，乃是绘画本质之所需。作画不以真实地再现山水为目的，而是把山水作为主要审美符号来寄托画家的思想感情，让山水暗含画家崇拜生命的情结。虽然思想与情结无形无迹，但却能栖息于自然山水之中，藏匿于水墨之中，所以画家应用老庄之理、“以形媚道”，感悟自由的精神意境。

只有用心灵解读自然，不断提取美的元素，丰富自己的绘画语言，才能得到画面的升华，方能在艺术的道路上越走越远。

苍山几重寄画思

——孙远利山水画解读

李新平

孙远利的山水画以古风见长，但在浓浓的古韵中又透露出他对现实生活的鲜活感受。其画作既给人以传统文化之美的享受，又能使人摆脱喧嚣的俗尘而步入一片清静的天地，享受现代桃花源中的飘逸雅静之乐，从而在山水中净化心灵，陶冶性情。

孙远利生长于山东济南，毕业于山东工艺美院，在留校任教多年后又到中国艺术研究院研究生课程班就读，并拜师山水名家龙瑞，以期在绘画创作上登高望远，更上层楼。齐鲁文化的熏陶、学院名师的指导为他学习、研读中国山水画创造了良好条件。孙远利的山水画注重师法传统、师法古人，他努力将古人的文化精神、笔墨技法变换为自己的知识，多年来靠自己的灵悟、才情和扎实的笔墨功底，绘出了许多精妙之作。赏其新作《山静松声远》，他借助披麻、斧劈、点子等多种古典皴法，妙用浓淡干湿的运墨法，以高远法取势营造的层层叠叠的七个峰头在浑厚的笔墨中呈云山高远、巨石兀立、古干苍驳、曲径通幽之境，而山上那一株古松，几间古亭，更彰显出一股天籁松风般的世外逸境，令人向往。此作的古法、古境、古韵，展现出了画作中对中华绘画传统技法的运用自如。

孙远利画作在师法传统的基础上，更注重师法自然。他认为，只有亲身体验大自然中的山水丘壑，才能将从古贤那里学到的知识发挥到极致。多年来他遍访祖国名山大川、尽情吸收大自然的营养。他畅观山川风貌，倾听天籁松风，采天地之灵气，融万趣于神思，凝情感于毫端，靠写生得来的心灵感悟来营造自己的精神家园。他在创作中一扫古人笔下的萧索、

疏林清溪

横六十五厘米
纵四十五厘米

荒寒、苍凉之气，凭借自己对自然生态的感悟，在不失现实生活根基的前提下，用古人之图式、章法，参西画素描、明暗关系之技艺，抒中国传统文化、哲学之情怀，把自己心中获得的自然意象符号化育成精神的载体，用山川、林木、溪流、曲径、民居等自然万物，绘写出了古韵悠然、清和雅致且溢扬着当代生活气息的现代桃花源式的新山水画。在他的西藏和河北邢台的写生系列作品中，那些雪山、林木、民居、溪瀑、山路乃至农用三轮车、电线杆等，都被其以独到的眼光发现了它们美的内涵，也都被他巧妙地融汇于自己的绘画创作之中。在《气清千嶂》中，他以苍古雄强的笔墨皴写出峻峰千嶂直耸云天的雄强气势，而后又点缀民居以注入浑朴的生活气息，使之古今相融、润峻互补而收相得益彰之妙。在其《初夏槐风细》中，孙远利用浓墨妙染槐林，用细笔描写林下民居及石路、坡石，妙用留白营清溪如玉之技法，全凭写生所得之功。他说：“在自然中写生是一种创作。常写生，那些灵妙的感悟就会在创作时自然而然地流露于画面，这里边肯定有生活、有生机。”正是靠写生，孙远利将自然情态、生活意趣自然地融入到了画面之中，因此也使他的山水画对人产生出了一种特别吸引力。

用老庄哲学营造山水意境是孙远利画作的高逸之处。他说：“作画不以真实地再现山水为目的，而是把山水作为主要审美符号来寄托画家的思想感情，让山水暗含画家崇拜生命的情结。”他认为，虽然思想与情结无形无迹，但却能栖息于自然山水之中，藏匿于水墨之中，所以画家应用老庄之理、“以形媚道”，感悟自由的精神意境。孙远利的山水画创作把老庄的“心斋坐忘”“涤除玄鉴”和“逍遥游”作为自己的审美取向，不拘泥于山水之本性。他以“生命”为本，来追求“神韵”“气韵”“风骨”“象外”等自由精神境界，以期达到“人法地、地法天、天法道、道法自然”之境。其画作中的白云丘壑、幽林花草、溪瀑桥路、茅亭草舍都洋溢着浓郁的人文情怀，浸透着画家对自然、对生命的诗意思考，抒发出了画家潇洒飘逸的风度和驾轻就熟、任意挥洒的才情。赏其“天清远峰出、水落塞沙空”，清气、逸气、古韵、秋色和诗意融会贯通，墨色的浓淡干湿、黑白灰交织成章，赏读之中令人击掌叫绝。这便是画家带给人们的美的享受。

孙远利

孙远利，笔名远山。中国美术家协会会员、中国人民大学艺术学院高研班导师、中央国家机关美术家协会理事、中外名人文化研究会副主席、北京国画艺术家协会理事、北京国画艺术家协会山水创研部主任、北京雪域西藏艺术研究院研究员。

摄于美国夏威夷（右二为本书作者）

彩笔写意

山村烟树

横六十八厘米
纵四十五厘米

空 山 新 雨 后

横六十五厘米
纵四十八厘米

山 村 小 景

横六十五厘米
纵四十八厘米

山 村 蕉 荫

横六十八厘米
纵四十五厘米

山 村 小 景

横六十八厘米
纵四十五厘米

绿 树 村 边 合

横六十八厘米
纵四十五厘米

寂 静 山 村

横六十八厘米
纵四十五厘米

清 溪

横六十八厘米
纵四十五厘米

山 居 图

横六十八厘米
纵四十五厘米

依 依 墟 里 烟

横六十八厘米
纵四十五厘米

山 村 农 舍

横六十八厘米
纵四十五厘米

青山脚下有人家

横六十八厘米
纵四十五厘米

于江西三清山写生

色淡天青

青 山 郭 外 斜

横六十八厘米
纵四十五厘米

田 园 小 景

横六十八厘米
纵四十五厘米

林 荫 道 边

横六十八厘米
纵四十五厘米

溪水弯弯绿树斜

横六十八厘米
纵四十五厘米

绿 杨 荫 里

横六十八厘米
纵四十五厘米

农 舍 一 角

横六十八厘米
纵四十五厘米

小 桥 人 家

横六十八厘米
纵四十五厘米

屋后几椽常青树

纵四十八厘米
横六十五厘米

路　边

纵四十八厘米
横六十五厘米

山 村 即 景

横六十八厘米
纵四十五厘米

山 村 一 角

横六十八厘米
纵四十五厘米

栈 道

横六十八厘米
纵四十五厘米

太平飞瀑
横四十五厘米
纵六十八厘米

岭 上 小 村

横六十八厘米
纵四十五厘米

于河北邢台云梦山写生

水墨黑白

乡 情

横六十八厘米
纵四十五厘米

种 豆 南 山 下

横六十八厘米
纵四十五厘米

日 暮 斜 阳 村 边 树

横六十八厘米
纵四十五厘米

山 路 弯 弯

横六十八厘米
纵四十五厘米

村 边

横六十八厘米
纵四十五厘米

幽居图

纵四十八厘米

横六十五厘米

悠然见南山
横六十五厘米
纵四十八厘米

前 山 烟 暝

横六十八厘米
纵四十五厘米

于四川广远光雾山写生

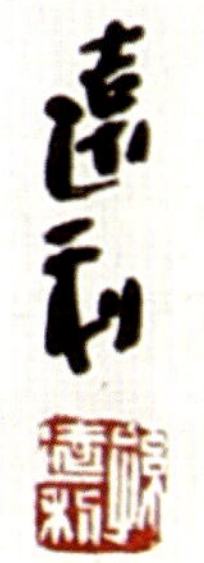

斗方小品

山 里 清 秋

横六十八厘米
纵六十八厘米

写生於郭亮
遠村

郭 亮 村 写 生

横六十八厘米
纵六十八厘米

画室一角

图书在版编目（CIP）数据

西藏密码 /《西藏密码》编写组编著 .
—拉萨：西藏人民出版社，2016.12
ISBN 978-7-223-02734-2

I. ①西… II. ①西… III. ①西藏一概况 IV. ① K927.5

中国版本图书馆 CIP 数据核字（2009）第 146962 号

西藏密码——澄怀：孙远利山水写生画集

作　　者　孙远利
责任编辑　何卫峰　徐玺玺
装帧设计　梅　杨
出版发行　西藏人民出版社（拉萨市林廓北路 23 号）　**邮政编码**　850000
北京编辑发行部：北京市东土城路 8 号林达大厦 A 座 13 层　100013
电话：010-64466847
打击盗版：0891-6649998　13801174584
印　　刷　北京谊兴印刷有限公司
经　　销　全国新华书店
开　　本　16 开（880×1 230）
印　　张　4
字　　数　3 千
版　　次　2016 年 12 月第 1 版第 1 次印刷
标准书号　ISBN 978-7-223-02734-2
定　　价　48.00 元